मैं चुप रहा तो

ग़ज़ल संग्रह

इन्द्रसिंह अरसेला

अंजुमन प्रकाशन

Title : Main Chup Raha To
Author : Indra Singh Arsela

Published By
Anjuman Prakashan
942, Mutthiganj, Prayagraj, 211003
www.anjumanpublication.com
anjumanprakashan@gmail.com

Printed and bound in Manipal Technologies Limited, Manipal, Karnataka
Paperback first published by Anjuman Prakashan in 2024

ISBN : 978-81-19562-47-3

Cover & Typeset by Anjuman Prakashan

Price in india: 250/-

समर्पण

आदित्य राज आनंद के लिए

अनुशंसा

ग़ज़लकार इन्द्रसिंह अरसेला की ग़ज़लें उनकी शख़्सियत का आईना हैं
सोहेल खान 'सागर हैदराबादी'

साहित्य के क्षेत्र में जाना माना चेहरा ग़ज़लकार इन्द्रसिंह अरसेला के चौथे ग़ज़ल संग्रह की पांडुलिपि "मैं चुप रहा तो" मेरे हाथ में है। हर ग़ज़ल दिलकश और ख़ूबसूरत है। ग़ज़लों को पढ़ते ही लगता है यही तो मेरा भी दर्द है। ऊँचे दर्जे की मुसन्निफ़ और दानिश्वर इन्द्रसिंह अरसेला की ज़िन्दगी उतार चढ़ाव से दो चार रही है। उनके पास जो कुछ है उसे कड़ी मेहनत और जद्दोजेहद से पाया है। उनकी ग़ज़लें उनकी शख़्सियत का आईना हैं। उन्होंने हर क्षेत्र में चाहे वो तालीम हो, अदब हो या मआशरे की ख़िदमत हो, ऊँचा मक़ाम हासिल किया है।

उनके संग्रह "मैं चुप रहा तो" की पहली ग़ज़ल ने मुझे आकर्षित कर लिया -

ज़िन्दगी हम उधार लेते क्या
इस तरह मन को मार लेते क्या

लुट गये जब यहाँ उजालों में
रात भी हम गुज़ार लेते क्या

उपर्युक्त ग़ज़ल ज़िन्दगी पर मुकम्मल तबसरा करती है। ज़िन्दगी के आख़री दौर में जब बुढ़ापा दस्तक देता है तो जवानी के दिनों की अच्छी और बुरी बहुत सारी बातें याद आती हैं। आख़री पड़ाव पर तो रूप रंग सब बदल जाता है सिर्फ़ दर्द और तड़पन बाक़ी रह जाती है।

ग़ज़लकार इन्द्रसिंह अरसेला की ग़ज़लों में यह खूबी है कि मानव समाज में व्याप्त गम्भीर समस्याओं पर सवाल उठाये गये है। और सियासत की कार्यशैली, समाजिक भेदभाव, मजहबी नफरत पर ग़ज़लकार ने नाराजगी व्यक्त की है। परन्तु किसी में कोई हलचल तक दिखाई नही देती। शेर देखें-

तुझको मिरे शहर से मुहब्बत नहीं रही
फिर भी यहाँ किसी को शिकायत नहीं रही

हँसकर गले लगाये जो दिलसे मुझे यहाँ
ऐसी नज़र में कोई हुकूमत नहीं रही

ये भी देखें –

कोई अपना नज़र नहीं आया
कैसे कह दूँ कि घर नहीं आया

मुझको हर बात यादथी उसकी
इसलिए वह इधर नहीं आया

ये अश्आर पढ़कर मुझे अपने काव्य संग्रह स्मृतियाँ की पंक्तियाँ याद आ गयीं

स्मृतियों में केवल तुम हो, तुममें हैं स्मृतियाँ
और नहीं कुछ निर्धन हूँ बस स्मृतियाँ हैं स्मृतियाँ

यादों पर किसी का कोई वश नहीं होता। यादें न चाहते हुए भी आ जाती हैं। भुलाने की कोशिश करने पर यादें और प्रबल हो जाती हैं। यादों में फ़रियाद हो तो ग़मो ग़ुस्सा भी होता है, कसक भी होती है। ग़ज़ल के पैमाने पर सटीक और खरी इस ग़ज़ल के लिये मैं ग़ज़लकार इन्द्रसिंह अरसेला को मुबारकबाद देता हूँ।

इस ग़ज़ल संग्रह में कुल 82 ग़ज़ले हैं। शायर ने अपने तख़लीक़ी हुनर से हर ग़ज़ल को और पुख़्ता कर दिया है। एक और ग़ज़ल छोटी बहर की है लेकिन अलंकारों से भरपूर है। ज़िन्दगी की ख़ुसूसियात को बहुत बेहतर तरीक़े से उन्होंने शब्दों में ढाला है।

बाहर से जो चंगा है
घर के अन्दर नंगा है

याद नहीं कुछ भूल गया
आँखों में बस दंगा है

कौन बताये अपना हाल
हाल बहुत बे-ढंगा है

कहीं कहीं इन्द्रसिंह अरसेला की ग़ज़लों में दुष्यंत जी की झलक दिखाई देती है। दुष्यंत के दर्द को ग़ज़लकार इन्द्रसिंह अरसेला ने निम्न पंक्तियों मे कुछ इस तरह बयाँ किया है

यहाँ सच बोल दूँ कैसे, कि सर इल्ज़ाम आ जाये
हुकूमत की सिफ़ारिश पे, जो मेरा नाम आ जाये

***

योजनाएँ खा रहा जो मुँह न खोलेगा
और मैं ही चुप रहा तो कौन बोलेगा

कोठियों में दिख रही है जो तुझे रौनक़
सच कहूँ क्या और तू आँखें भिगो लेगा

अंग्रेज़ी के प्रसिद्ध कवि जॉन कीट्स की "द नाइटिंगेल" में कवि बुलबुल के मीठे स्वर की प्रशंसा करता है और बुलबुल उत्तर में यही कहती है कि उसके स्वर में उसके दिल के दर्द की अभिव्यक्ति होती है। इसी प्रकार ग़ज़लकार इन्द्रसिंह अरसेला की कोमल भावनाओं से लबरेज़ ग़ज़लों में उनके हृदय की मर्मान्तक पीड़ा/भावनाओं की अभिव्यक्ति होती है।

इनकी सभी ग़ज़लों को पढ़ने के बाद मैं बेबाकी से कह सकता हूँ कि ग़ज़लों में लयात्मकता और तरन्नुम की ख़ूबी है। भाषा शैली क्लिष्ट तो बिल्कुल नहीं है और अनावश्यक क्लिष्ट शब्दों का प्रयोग भी आपकी ग़ज़लों में नहीं किया गया है। भाषा सरल और बोधगम्य होने के कारण पाठक आसानी से ग़ज़लों में समाहित गहन अनुभूतियों का एहसास कर सकता है।

दुनिया स्वार्थी और ख़ुदग़र्ज़ लोगों से भरी पड़ी है कुछ लोग धोखा खाने के बाद भी

हौसला नहीं छोड़ते। आपकी 57वीं ग़ज़ल की पंक्तियाँ ऐसे लोगों के लिये उत्साहवर्धक और जीवनदायिनी हैं।

लड़ाई बस हक़ों की है, कोई जुमला नहीं हूँ मैं
हुकूमत है लुटेरों की, कहीं कहता नहीं हूँ मैं

जिसे था नींव का पत्थर उसी की बन गया गाली
तमाशा हो रहा मेरा मगर हारा नहीं हूँ मैं

इससे पहले ग़ज़लकार इन्द्रसिंह अरसेला के ग़ज़लों के तीन संग्रह आ चुके हैं जिन्होंने उनकी मक़बूलियत में चार चाँद लगाया है चौथा संग्रह आपके हाथों में है। अन्त में मैं मुक्त कंठ से यही कहूँगा कि आने वाले समय में इन्द्रसिंह अरसेला के बहुआयामी व्यक्तित्व, कवित्व-शक्ति तथा सृजनधर्मिता का मूल्यांकन बड़े बड़े समीक्षक करेंगे। मैं उनके ऊम्रदराज़ और सेहतमंद होने की ईश्वर से प्रार्थना करता हूँ और ख़ुशनुमा इस शाहकार “मैं चुप रहा तो” के लिये दिल की गहराइयों से मुबारकबाद देता हूँ।

सोहेल खान ‘सागर हैदराबादी’
साहित्यकार, समीक्षक
पूर्व प्राचार्य, सह ज़िला विद्यालय निरीक्षक,
सदस्य प्रथम श्रेणी न्यायिक मजिस्ट्रेट,
न्यायपीठ बाल कल्याण समिति, हैदराबाद

प्रकाशकीय

ग़ज़लकार इन्द्रसिंह अरसेला का चौथा ग़ज़ल संग्रह "मैं चुप रहा तो" प्रकाशित हो कर आपके हाथों में है। चूँकि आपके पूर्व के तीनों ग़ज़ल संग्रह भी अंजुमन प्रकाशन से ही प्रकाशित हैं, मैंने पाठक, प्रकाशक और ग़ज़ल-प्रेमी तीनों भूमिकाओं के साथ इन्द्रसिंह जी के ग़ज़ल लेखन की अब तक की यात्रा को बहुत करीब से देखा है और मेरे लिए यह सुखद अनुभव रहा है कि इन्द्रसिंह जी की यह साहित्यिक यायावरी दिनों-दिन और सघन, सुगम और संवर्धित हुई है।

अपने पूर्व के तीनों ग़ज़लसंग्रह 'अंधा चिराग', 'सच कहूं क्या और', 'याद है न' से गुज़रते हुए ग़ज़लकार इन्द्रसिंह ने भी एक यात्रा पूरी की है जो 'मैं' से शुरू हो कर 'हम' तक जाती है, जिसका प्रारम्भ बिंदु तो 'स्व' है मगर 'मैं चुप रहा तो' की ग़ज़लों को पढ़ कर लगता है कि अब यह यात्रा 'सर्वे भवन्तु' के अहम् पड़ाव को पार कर चुकी है और अब इनकी ग़ज़लों के केंद्र में 'समाज' है। आशा है कि पूर्व के तीनों ग़ज़ल-संग्रह आपकी नज़रों से भी गुज़ारे होंगे और चौथे संग्रह की ग़ज़लों को पढ़ कर आप भी ऐसा ही महसूस करेंगे

इस पुस्तक में ग़ज़लकार इन्द्रसिंह अरसेला जी की परिपक्वता की मिसाल हर ग़ज़ल में मिलेगी। उनके द्वारा कहे गए शेरों को जब आप पढ़ेंगे तो रुक कर सोचने पर मजबूर हो जायेंगे।

मैं ग़ज़लकार इन्द्रसिंह अरसेला जी को इस पुस्तक के प्रकाशन के लिए हार्दिक बधाई देता हूँ और चाहता हूँ कि इनका क़लम इसी तरह चलती रहे ताकि इनके दिल की भावनाएँ ऐसी ग़ज़लों के माध्यम से बाहर आती रहें। अनन्त शुभकामनाओं के साथ

प्रकाशक
वीनस केसरी
अंजुमन प्रकाशन, प्रयागराज

लेखकीय

मेरा तीसरा ग़ज़ल संग्रह "याद है ना" जनवरी 2023 में प्रकाशित हुआ। जिसे साहित्य प्रेमियों ने भरपूर सराहा और प्यार दिया। मैं इनका तहे दिल से बहुत - बहुत आभारी हूँ।

आप सबके स्नेह से अंधा चिराग़, सच कहूँ क्या और, याद है ना ग़ज़ल संग्रह के बाद मैं अपना चौथा ग़ज़ल संग्रह "मैं चुप रहा तो" आपके पवित्र हाथों में सौंपते हुए बहुत प्रसन्नता का अनुभव कर रहा हूँ।

मेरे ग़ज़ल संग्रह "मैं चुप रहा तो" में मेरी कल्पना मेरी भावना मेरे विचार समाहित हैं। देश में बढ़ता अंधविश्वास, धार्मिक कट्टरता, पाखण्डवाद, भ्रष्टाचार , जातिवाद देश की प्रगति में बाधक ही नहीं, एक कलंक है। यह सब आज़ादी के बाद भी फलफूल रहा है और ज़िम्मेदार मौन बने हुए हैं यहाँ एक तरफ फुटपाथी ज़िन्दगी और एक तरफ योजनाओं के नाम पर आम जनता को छला जाता है आज भी हर जगह जन-आंदोलन होते देखे जाते हैं तो ऐसा लगता है कि - आम जनता आज भी पूंजीपतियों से, सामन्तवादियों से, राजनीतिक भ्रष्टाचार से आज़ाद नहीं हो पायी है फिर भी कुछ चालाक क़िस्म के लोग, अन्याय अत्याचार को अपना शौक़ समझ बैठे हैं

लोकतांत्रिक देश का होना गौरव की बात है और अभिमान भी है कि हम इस देश में पैदा हुए लेकिन लोकतंत्र जीवित रहे यह बहुत मुश्किल जान पड़ता है

हुकमरानों द्वारा देश की जनता को आत्मनिर्भर बनाने की बात तो की जाती रही है परंतु लोकलुभावन वादे और योजनाओं के माध्यम में उन्हे पंगु बनाया जाना व कर्महीन लोगों की भीड़ इकट्ठी करना देश के लिए हितकारी नहीं हैं अब मुझे तो बस ग़ुलामी की ओर धकेले जाने का प्रयास ही दिखाई देता है।

मुझे आलोचकों की कोई परवाह नहीं है मैं जो जीवन के विभिन्न रंग यथार्थ धरातल पर देखता हूँ वही मेरी ग़ज़ल होती है आज के कवि जनवादी न होकर सत्ता की गोद में खेलते नज़र आते हैं ऐसे में जनता की आवाज़ दबी-की-दबी रह जाती है मानव समाज में आये दिन होता जाति के नाम पर शोषण लूटपाट जैसी अमानवीय घटना किसी को दिखाई तक नहीं देती इस प्रकार अनेक यातनाओं की पीड़ा समाज

को कमज़ोर बनाती जा रही है तब मेरी यानी कवि की ज़िम्मेदारी हो जाती है कि अपनी बिना भेदभाव के जनभावना को सर्वोपरी समझे और अमीरी-ग़रीबी की खाई को पाटने का हुनर पैदा करे तथा हुकूमत का सामन्ती असली चेहरा, चाल चरित्र जनता के सामने उजागर करे।

"मैं चुप रहा तो" ग़ज़ल संग्रह आम जनता की कराहती आवाज़ और उनके रिसते घावों का एहसास कराने वाला दस्तावेज़ है जो आपको ग़ज़लों में दृष्टिगोचर होगा।

मैं नहीं जानता कि ग़ज़ल का व्याकरण कथ्य क्या है लेकिन जब मानव समाज में अमानवीय घटना घटित होती है तब ग़ज़ल अंकुरित हो उठती है और इसी का परिणाम है ग़ज़ल संग्रह "मैं चुप रहा तो"

मैं अंजुमन प्रकाशन इलाहाबाद उ.प्र. के प्रकाशक महोदय वीनस केसरी जी का आभार व्यक्त करता हूँ कि मेरे ग़ज़ल संग्रह "मैं चुप रहा तो" के नाम से लेकर प्रकाशित करने की सम्पूर्ण ज़िम्मेदारी संभाली। साथ ही मुझे बहुत प्रसन्नता हो रही है कि छोटी सी क़लम के माध्यम से मैं अपना चौथा ग़ज़ल संग्रह "मैं चुप रहा तो" आपके हाथों में सौंप रहा हूँ जिसे आप सबकी दुआओं की दरकार है

दिनांक 05/09/2024

आपका अपना

इन्द्रसिंह अरसेला

मो. 9926710545

ग़ज़ल क्रम

1. ज़िन्दगी हम उधार लेते क्या - 17
2. धूप आँखों से ना ही नमी ले गयी - 18
3. किसको दूँ मैं हिसाब अश्कों का - 19
4. न डालो ज़ख़्म पर पानी अभी सूखा नहीं यारों - 20
5. घर-घर ख़ुशियाँ बाँटा कर - 21
6. मिटा दे नाम शोषण का, कोई दिखता नहीं मुझको - 22
7. मेरे हक़ में कोई बोलता ही नहीं - 23
8. ज़िन्दगी से जंग हारी ही नहीं मैंने - 24
9. अंधेरों से मैं अपनी अब, शिकायत कर नहीं सकता - 25
10. ज़िन्दगी हम उधार लेते क्या - 26
11. रस्म कैसी यह निभाई जा रही है दोस्तों - 27
12. बादलों से क्या कहूँ कितना झुका हूँ मैं - 28
13. तिरे जो पास है दौलत ग़रीबों की निशानी है - 29
14. तू न सूरज बता दिल दहल जायेगा - 30
15. न बांधो पाँव में ज़ंजीर, जो नासूर हो जाये - 31
16. बाहर से जो चंगा है - 32
17. ख़ुलूस -ए-शहर में दग़ा कम नहीं है - 33
18. ये गुण्डे हैं, लुटेरे हैं, कहें क्या प्यार की बातें - 34
19. बरगदों की छाँव से डरने लगे हैं लोग - 35
20. दुश्मनों की राह में पत्थर न छोड़ूंगा - 36
21. इस बदलते वक़्त की तस्वीर हैं हम - 37
22. यहाँ सच बोल दूँ कैसे, कि सर इल्ज़ाम आ जाये - 38
23. हाथ उनके ख़ून से लिपटे नहीं मिलते - 39
24. कौन है वो जो तिरी इज़्ज़त रखी उसने - 40
25. जेब में मरहम यहाँ जो भी रखा करते हैं - 41
26. ज़िन्दगी मौत सी रही अब तक - 42
27. जब अकेला आँधियों से लड़ रहा हूँ मैं - 43

28. जिसके दर पे खड़ा हुआ हूँ मैं - 44
29. कब सियासी दाब में जकड़ा हुआ हूँ मैं - 45
30. कोई अपना नज़र नहीं आया - 46
31. प्यास अधरों की मिरी बुझने नहीं देती - 47
32. नींद ग़ायब हो गई है इस ज़माने की - 48
33. तिरे वीरान इस दिल को, मैं अपना घर बना लूँगा - 49
34. योजनाएँ खा रहा जो मुँह न खोलेगा - 50
35. दबी दिल में जो चिंगारी, हवा देकर न भड़काओ - 51
36. पत्थरों से दिल लगाकर क्या किया मैंने - 52
37. न मेरा घर, न तेरा घर, कोई पहचान पायेगा - 53
38. जो देख रहा हूँ मैं, तू देख न पायेगा - 54
39. सुन मीत मेरे देश की क़िस्मत को क्या हुआ - 55
40. बिकने खड़ा जो आदमी सूरत तो देखिए - 56
41. तिरी नज़र जो मिली ज़िन्दगी बहक सी गई - 57
42. यहाँ जो शहर का ख़ुदा हो गया है - 58
43. सुनके मेरी दास्ताँ ठुकरा दिया उसने - 59
44. क़ीमत लगा के आपने अच्छा नहीं किया - 60
45. जश्न मेरी मौत का जब भी मनाया जायेगा - 61
46. यार जो बे-लिबास बैठे हैं - 62
47. हैं जो ज़ख़्म गिनूँगा क्या - 63
48. बात ऐसी न थी जो बताई गयी - 64
49. जिन मकानों में यहाँ तलघर बने हैं - 65
50. जो इज़्ज़त के लुटेरे हैं सुबह को शाम कर देंगे - 66
51. मौन इतना कहीं ये ख़ुशी ले न ले - 67
52. दूर तुमसे खड़ा हुआ हूँ मैं - 68
53. ये कैसी पहरेदारी है - 69
54. था सुकूँ जो नींद गहरी सो गया है दोस्तो - 70
55. ज़िन्दगी से ख़फ़ा हर शहर देखिए - 71
56. मैं जिनको स्वीकार नहीं हूँ - 72

57. लड़ाई बस हक़ों की है, कोई जुमला नहीं हूँ मैं - 73
58. जब मुझे उसने तर बतर देखा - 74
59. फ़ौज अंधों की खड़ी है - 75
60. सच कहीं जब सुना नहीं जाता - 76
61. जिस्म पथरा गया, कोई हरकत नहीं - 77
62. कोई मज़हब न हिंदुस्तान ख़तरे में - 78
63. ज़िन्दगी घायल पड़ी है आजकल - 79
64. जी रहा हूँ बस यहाँ ये कम नहीं हैं दोस्तो - 80
65. टूटकर काँच-सा मैं बिखरता नहीं - 81
66. छुपाना आग सीने में मुझे अच्छा नहीं लगता - 82
67. इस बहकते पाँव को आकर सँभालो यारो - 83
68. मुझे उसके इशारों पर कभी चलना नहीं आया - 84
69. कहीं कहता नहीं सच यार हँगामा खड़ा होगा - 85
70. ज़रूरत है नहीं उसको मिरी हालत सुधर जाये - 86
71. ज़ख़्म पाकर यहाँ क्या ठहर जाऊँगा - 87
72. ज़मीं पर लोग ये मुझको कहीं रहने नहीं देते - 88
73. दिल की गाँठें खोल ज़रा - 89
74. आँखों में धूल भर गया कोई - 90
75. तुझको मिरे शहर से मुहब्बत नहीं रही - 91
76. हाल ऐसा है यहाँ सहमें खड़े हैं लोग - 92
77. आज ज़िन्दा लोग मिलते इस शहर में - 93
78. बुनियाद देश की अब कमज़ोर हो रही है - 94
79. बुझ गये हैं कई दिये रात को देखते-देखते - 95
80. छुरी तलवार से डरता नहीं हूँ मैं - 96
81. वक़्त पे क्या दग़ा दिया उसने - 97
82. जो यहाँ बिखरे हुए हैं - 98

1

ज़िन्दगी हम उधार लेते क्या
इस तरह मन को मार लेते क्या

लुट गये जब यहाँ उजालों में
रात भी हम गुज़ार लेते क्या

उजड़ा है जो चमन दिलों का, हम
उस चमन की बहार लेते क्या

जंग जीता नहीं कोई भी जो
अपने सर उसकी हार लेते क्या

खा गये हक़ तिरा चुरा कर जो
सेठ हैं वो डकार लेते क्या

दूर जो आसमाँ पे बैठा है
हम उसे भी उतार लेते क्या

लाश को तुम यहाँ सजा करके
और की जाँ उधार लेते क्या

✿

2

धूप आँखों से ना ही नमी ले गयी
पास थी जो मिरे वो ख़ुशी ले गयी

गर्म है यार मौसम यहाँ का अभी
चुप रहो, ये हवा ज़िन्दगी ले गयी

ख़ूबसूरत कोई, क्या नज़ारा न था
जो मिरी वह नज़र क़ीमती ले गयी

जब वहाँ आदमी ही न थे भीड़ में
उस जगह क्यों मुझे ये गली ले गयी

रात रंगीन थी जब दियों के तले
कैसे अस्मत बचा रोशनी ले गयी

काग़ज़ों की तरह जब भी रद्दी हुआ
ये हुकूमत मिरी इक सदी ले गयी

✿

3

किसको दूँ मैं हिसाब अश्कों का
हो गया जब नवाब अश्कों का

पलकें झपकीं न ख़्वाब देखा है
बस यही है जवाब अश्कों का

ढक न पाये शरीर जो अपना
पा रहे वो ख़िताब अश्कों का

यार किसकी ख़ुराक बन जाता
जब मुझे है, दवाब अश्कों का

आज अंजाम यह हुआ, उसको
सौंप कर, ये गुलाब अश्कों का

जानता हूँ कि कम नहीं जीना
इसलिए है शबाब अश्कों का

दिल को पत्थर बना लिया मैंने
जब मिला ना जवाब अश्कों का

✿

4

न डालो ज़ख़्म पर पानी अभी सूखा नहीं यारों
वफ़ादारी ज़माने की यही, समझा नहीं यारों

बहाकर आँख से आँसू मुझे बहला रहा है जो
हुआ घायल उसी का दिल, मगर पिघला नहीं यारों

दिखाकर पेट मैं अपना गुज़ारा कर रहा हूँ ख़ुद
मगर उसकी हवेली पर कभी ठहरा नहीं यारों

ग़मों ने तोड़कर मुझको यहाँ बाँटा है आपस में
लुटा धन बाँटते जैसे, मिरा अपना नहीं यारों

कोई छल से, कोई बल से, कोई धन से, गिरा मुझको
सभी कहते, शराफ़त से बडा रिश्ता नहीं यारों

तमाशा हो रहा ऐसा कि बच्चे रो रहे डर कर
मिरा मुझसे वज़न जब ये, यहाँ उठता नहीं यारों

✿

5

घर-घर ख़ुशियाँ बाँटा कर
मत अपनों से रूठा कर

इतनी नफ़रत ठीक नहीं
दिल से दिल को जोड़ा कर

अपनी भी तो हलचल रख
मत उसके गुण गाया कर

नेकी कर दरिया में डाल
ऐसे, मन समझाया कर

मंज़िल तक रख पग जारी
दुनिया को मत देखा कर

औरों से आस लगाता क्यूँ
ख़ुद भी दीप जलाया कर

✿

6

मिटा दे नाम शोषण का, कोई दिखता नहीं मुझको
लगा ले जो गले हँसकर, मिला ऐसा नहीं मुझको

जहाँ कंगाल है जनता, वहीँ मूरत है मालामाल
कभी मेरा भला होगा, यहाँ लगता नहीं मुझको

जो घर-घर बाँटते नफ़रत, दिखावा कर रहे हैं वो
पुजारी हैं मुहब्बत के, मगर देखा नहीं मुझको

मैं समझा था जो खाई थी, वो अब तक पाट दी होगी
मगर ये ढ़ांक दी किसने, पता चलता नहीं मुझको

सियासी दाँव है या फिर सियासत का तमाशा है
तसल्ली दे रहा है वह, दिया हिस्सा नहीं मुझको

तुम्हारे वास्ते जीवन, बताओ और क्या लिख दूँ
तड़पता ही रहा लेकिन, कभी चाहा नहीं मुझको

✿

7

मेरे हक़ में कोई बोलता ही नहीं
है ख़ता क्या मिरी ये पता ही नहीं

ज़िन्दगी के यहाँ ख़्वाब क्या देखता
इस शहर में कोई चाहता ही नहीं

जिस्म पत्थर हुआ है, सितम से तिरे
और तू कह रहा, जानता ही नहीं

एडियाँ पक गईं पाँव भारी हुए
वरना मैं होंठ ये खोलता ही नहीं

दर्द दिल का यहाँ, मैं सुनाऊँ किसे
लोग बहरे खड़े राब्ता ही नहीं

होश मुझको न था आस्तीनों में जो
पल रहे हैं मिरे बावफ़ा ही नहीं

✿

8

ज़िन्दगी से जंग हारी ही नहीं मैंने
वीर हूँ, तलवार फेंकी ही नहीं मैंने

मांगकर हक़ मैं अपाहिज हो नहीं सकता
इसलिए तो नींद देखी ही नहीं मैंने

पत्थरों जैसे खड़े जब लोग उलझन में
भूख में भी रोटी मांगी ही नहीं मैंने

मुझको अपने आँसुओं से सींचता था, जो
उसको भी ख़ुद की ख़बर दी ही नहीं मैंने

था गुनाह इतना दिल में फ़रेब नहीं
जो सज़ा पायी है आँकी ही नहीं मैंने

✿

9

अंधेरों से मैं अपनी अब, शिकायत कर नहीं सकता
लुटा हूँ जब उजालों में, हिफ़ाज़त कर नहीं सकता

झुकाऊँ शीष ख़ुद अपना, जहाँ ईमान हो ज़िन्दा
मगर मैं बेईमानों की, इबादत कर नहीं सकता

ग़रीबी बेचकर मेरी, गुज़ारा कर रहा है जो
मैं उस जैसी, कभी झूठी मुहब्बत कर नहीं सकता

निवाला छीन कर खाये, यहाँ जो भी मिरे मुँह का
बिना मतलब कभी मेरी वो दावत कर नहीं सकता

घिनौनी सोच रखता जो गिराने की ज़हन अपने
वही कहता यहाँ मुझसे, बग़ावत कर नहीं सकता

कहूँ क्या और "अरसेला" कोई सच्चा नहीं फिर भी
मैं नफ़रत बाँटकर घर-घर सियासत कर नहीं सकता

✿

10

ज़िन्दगी हम उधार लेते क्या
इस तरह मन को मार लेते क्या

लुट गये जब यहाँ उजालों में
रात भी हम गुज़ार लेते क्या

उजड़ा है जो चमन दिलों का, हम
उस चमन की बहार लेते क्या

जंग जीता नहीं कोई भी जो
अपने सर उसकी हार लेते क्या

खा गये हक़ तिरा चुरा कर जो
सेठ हैं वो डकार लेते क्या

दूर जो आसमाँ पे बैठा है
हम उसे भी उतार लेते क्या

लाश को तुम यहाँ सजा करके
और की जाँ उधार लेते क्या

✿

11

रस्म कैसी यह निभाई जा रही है दोस्तों
दिन में बस्ती जो सजाई जा रही है दोस्तों

सच न कह दूँ मैं कहीं पर चाल उसने जो चली
इसलिए तो मय पिलाई जा रही है दोस्तों

कर रहा ऐलान कैसे, ख़ैरियत है सब यहाँ
जब हवेली दिल की ढाई जा रही है दोस्तों

मैंने सोचा था कभी मुझको मिलेगी ये ख़ुशी
जो ख़ुशी मुझसे मंगाई जा रही है दोस्तों

रोज़ बढ़ती दुश्मनी ये मुझ तरफ़ जब आ रही
कैसे कह दूँ के घटाई जा रही है दोस्तों

हो किसी की भी हुकूमत फ़र्क़ क्या पड़ना मुझे
अपनी ढपली जो बजाई जा रही है दोस्तों

✿

12

बादलों से क्या कहूँ कितना झुका हूँ मैं
प्यास अधरों में लिए प्यासा खड़ा हूँ मैं

अपने दिल में ग़म जमा करके रखे इतने
के उसी के सूद से अब पल रहा हूँ मैं

मुतमइन इतना कि चाहत मर गई लगता
जब अकेला इस तरह सहमा खड़ा हूँ मैं

हार मानूँगा नहीं ज़िद है क़यामत तक
पर, जो ग़ैरों से मिले उनसे ख़फ़ा हूँ मैं

यार! मुझसे वह दग़ा क्यों कर नहीं देता
सांस अटकी है मेरी फिर भी बुरा हूँ मैं

ज़िन्दगी है या तमाशा ख़ुश नहीं कोई
हूँ बहुत नाशाद तुझसे कह रहा हूँ मैं

✿

13

तिरे जो पास है दौलत ग़रीबों की निशानी है
उसी से शान है तेरी उसी से ज़िन्दगानी है

जो तन पे रेशमी कपड़े तिरी शोभा बढ़ाते, वो
किसी का जिस्म है गिरवी, किसी की ये जवानी है

तुझे अपने पसीने से यहाँ सींचा है जिसने सुन
उसी के ख़ून का प्यासा उसी से बेईमानी है

उदासी देखकर तुमने किनारा कर लिया जिनसे
बतायें क्या तुझे दिल की तिरी शोला बयानी है

हुकूमत के इशारों पर यहाँ नीलाम हैं जो लोग
यक़ीं होता नहीं उनको, मगर कहते गिरानी है

कभी सेठों ने लूटा है, कभी लूटा है हाकिम ने
मिला जो आँख को आँसू, यही बस आमदानी है

✿

14

तू न सूरज बता दिल दहल जायेगा
घर मिरा बर्फ़ का यह पिघल जायेगा

यार! फुटपाथ की ज़िन्दगी देखकर
आँख का तेरा पानी मचल जायेगा

यूँ न बहला मुझे जिस्म नीलाम कर
बेबसी में यहाँ कोई छल जायेगा

खिल रहा फूल जो भुखमरी में यहाँ
जानता था उसे, वह निगल जायेगा

सर्द आहें यहाँ ग़म के आँसू मिले
कोई ऐसा न था जो संभल जायेगा

रोज़ मुठभेड़ है वक़्त से जब मिरी
तो मिरा वक़्त भी ये बदल जायेगा

✿

15

न बांधो पाँव में ज़ंजीर, जो नासूर हो जाये
बग़ावत के लिए तुमसे, कोई मजबूर हो जाये

हुआ नीलाम जो इंसाँ, न पूछो ख़ैरियत उसकी
दिखावे की ज़रूरत क्यों, न चकनाचूर हो जाये

सुलगती आग यह दिल की, बुझाऊँ मैं यहाँ कैसे
जहाँ खिलता हुआ चेहरा, कोई बेनूर हो जाये

लिखा हो दर्द क़िस्मत में, ये ऐसा हो नहीं सकता
सिसकती रात का आँगन, जहाँ मशहूर हो जाये

खड़ा है बेज़ुबाँ बनके जो पतझड़ सा समन्दर तट
संभालो तुम उसे जाकर, न तुमसे दूर हो जाये

भलाई क्या करूँ उनकी, जो खाये हक़ ग़रीबों का
न कहता मैं गुनाहों की, सज़ा मंज़ूर हो जाये

16

बाहर से जो चंगा है
घर के अन्दर नंगा है

याद नहीं कुछ भूल गया
आँखों में बस दंगा है

कौन बताये अपना हाल
हाल बहुत बे-ढंगा है

अन्दर से जो टूट गया
रोज़ उसी से पंगा है

खादी को बदनाम न कर
हर चौराहे दंगा है

लूट रहा वह दौलत रोज
जिसके तन पे झंगा है

✿

17

ख़ुलूस -ए-शहर में दग़ा कम नहीं है
कोई अब किसी से ख़फ़ा कम नहीं है

महक आ रही है जहाँ रोटियों की
वहाँ भुखमरी का सिला कम नहीं है

कई हादसे दफ़्न आँखों में हैं, पर
शिकायत करें क्या, सज़ा कम नहीं है

सलामत रहे हौसला इन दियों का
जहाँ नफ़रतों की हवा कम नहीं है

बुलंदी ये शोहरत तमाशा समझ तू
मिले ख़ाक में सब, पता कम नहीं है

कटोरा लिए इक भिखारी खड़ा जो
उसे भी शहर से वफ़ा कम नहीं है

जो नाराज़ हैं मुस्कुराकर निकलते
ये मंज़ूर मुझको अदा कम नहीं है

✿

18

ये गुण्डे हैं, लुटेरे हैं, कहें क्या प्यार की बातें
मसीहा हैं, ग़रीबों के, सुनो दरबार की बातें

डकैती क़त्ल और दंगे, कहीं अब रूक नहीं सकते
लगी जब भुखमरी की आग, हैं बेकार की बातें

जहाँ इक घूँट को तरसे, वहाँ दरिया लबालब थी
गला सुखा रहा कैसे, नहीं तकरार की बातें

निराशा को बिछाकर जो, उदासी ओढ़कर सोये
उसे न धूप आँगन में, मिली मनुहार की बातें

करें क्या ज़िन्दगी जीकर, हुआ जीना बड़ा मुश्किल
सहारा माँगते जिनसे, कहें संसार की बातें

हुआ हाकिम यहाँ जो भी, चुराई हाथ की रोटी
मनायें जश्न क्या ग़म में, जहाँ तलवार की बातें

बहाकर अश्क को अपने, झुकेंगे हो नहीं सकता
लुभातीं हैं यहाँ केवल, हमें अख़बार की बातें

✿

19

बरगदों की छाँव से डरने लगे हैं लोग
हैं अजब हालात ये कहने लगे हैं लोग

हो गया क़ब्ज़ा अंधेरों का मुझे लगता
रोते-रोते यार! जब हँसने लगे हैं लोग

कर हवाले और के जीवन सभी अपना
हौसला खोकर उधर झुकने लगे हैं लोग

राह के इन पत्थरों से दोस्ती करके
धीर-धीरे आह भी भरने लगे हैं लोग

भेड़ियों के दल उधर को चल पड़े हैं सब
चाल में इनकी जिधर फंसने लगे हैं लोग

वोट लेने के लिए जो सर पटकते हैं
वह सवालों से अलग भगने लगे हैं लोग

✿

20

दुश्मनों की राह में पत्थर न छोड़ूंगा
मुश्किलों के डर से मैं, यह घर न छोड़ूंगा

जंग है मेरी उसूलों को बचाने की
इसलिए इस झोपड़ी में डर न छोड़ूंगा

पेट का नक़्शा सिमटता जा रहा जिनका
उनकी ऐसी ज़िन्दगी बदतर न छोड़ूंगा

जिस शहर में घर जलेंगे इन ग़रीबों के
उस शहर में मुंसिफ़ों के पर न छोड़ूंगा

जब शराफ़त छोड़ दी उसने, न कहता मैं
हर किसी की चीख सुन, ख़ंजर न छोड़ूंगा

रोज़ डसते हैं मुझे जो, साथ में रहकर
उनके दिल में ये ज़हर अन्दर न छोड़ूंगा

✿

21

इस बदलते वक़्त की तस्वीर हैं हम
क्या किसी के बाप की जागीर हैं हम

ख़ाक होने का किसे ग़म है यहाँ पर
यार! दुनिया के लिए तहरीर हैं हम

हो गले पे जब यहाँ ख़ंजर किसी के
कम नहीं उस मौत से, शमसीर हैं हम

ना समझ हैं, टूटने वाले कहें क्या
शबनमी जिस गोद की तासीर हैं हम

सुन! यहाँ पर भूख जो, अंगार होगी
उस दहकती भूख की तक़दीर हैं हम

खोज करते ही नहीं हम, आप कहते
मुल्क की ये आख़िरी तामीर हैं हम

✿

22

यहाँ सच बोल दूँ कैसे, कि सर इल्ज़ाम आ जाये
हुकूमत की सिफ़ारिश पे, जो मेरा नाम आ जाये

मिली नफ़रत, मिला धोखा, मुहब्बत फिर भी है तुझसे
न तेरी ओर से मुझको, नया पैग़ाम आ जाये

यहाँ जो जश्न मौतों पर, मनाता जा रहा यारो
तुम उसको ताज मत देना उसे आराम आ जाये

कहीं अब क़त्ल ये दंगे न होंगे कह नहीं सकता
जहाँ इन मुफ़लिसों पर भूख का इल्ज़ाम आ जाये

तिरे वादों की गर्मी से पिघलता दिल रहा मेरा
मुझे ही घूरता छत से, कभी जब काम आ जाये

न ऐसा दौर हो कोई, ग़ुलामी में कटे जीवन
कोई घायल ही समझेगा, न फिर से शाम आ जाये

✿

23

हाथ उनके ख़ून से लिपटे नहीं मिलते
धो लिए है पाँव तक, धब्बे नहीं मिलते

ढूँढिये उनको छुपे हैं जो सियासत में
जेब कतरे अब कहीं इतने नहीं मिलते

मुंसिफ़ों से न्याय की उम्मीद क्या रख्खूँ
आजकल जब यार भी सच्चे नहीं मिलते

फ़ाइलों में दब गया है फ़ैसला जिनका
बे-गुनाही के उन्हें कतरे नहीं मिलते

मौन कब तक मैं रहूँ, जब भुखमरी ऐसी
कौन कहता, लोग अब झुलसे नहीं मिलते

दर्द दिल का क्या कहूँ अहसास है, मुझको
वह उठाकर सर कभी मुझसे नहीं मिलते

✿

24

कौन है वो जो तिरी इज़्ज़त रखी उसने
कम नहीं इस दौर में हिम्मत रखी उसने

रोज़ ढ़ोते गालियाँ जो पीठ पर अपनी
ना किसी से बैर, ना नफ़रत रखी उसने

जिसका अपना आशियाना है नहीं कोई
तू बता कैसे तिरी दावत रखी उसने

जिस्म तपकर गल रहा है पेट के ख़ातिर
पर उसूलों की सदा दौलत रखी उसने

जिसके दम पे नींद भर तू सो रहा घर में
कब किया आराम कब हसरत रखी उसने

जब बिछड़ना है तो झगड़ा मोल क्यों लेता
पास अपने बस यही क़ीमत रखी उसने

✿

25

जेब में मरहम यहाँ जो भी रखा करते हैं
ज़ख़्म देकर अब वही हमसे वफ़ा करते हैं

हादसों के इस शहर में ज़िन्दगी है बेबस
मुश्किलों का सामना फिर भी किया करते हैं

क्या कहें जिनकी यहाँ पर मौत से है यारी
रोज़ उनसे हम अकेले ही लड़ा करते हैं

यार! कैसे हो गये, वो ख़ंजरों के आदी
लोग बातें हर जगह पर ये कहा करते हैं

हो चुका है यह ज़माना बेवफ़ा यूँ जब से
तब से जीने का बहाना हम किया करते हैं

आसमाँ वाले बतायें घर कहाँ रख्खें हम
ये ज़मीं वाले ज़मीं पर कब रहा करते हैं

✿

26

ज़िन्दगी मौत सी रही अब तक
फिर भी ये दिल्लगी रही अब तक

उस हवेली के ख़्वाब क्या देखूँ
जो मुझी पर खड़ी रही अब तक

ज़िन्दगी का हिसाब क्या रक्खूँ
धूल से जब सनी रही अब तक

आँख नम भी नहीं हुई, लेकिन
आँसुओं से भरी रही अब तक

लाश इंसान की रही होगी
जो ज़मीं पर पड़ी रही अब तक

यार सहमे हुए खड़े हैं वह
जान कैसे रूकी रही अब तक

फ़ैसला वो न कर सका ख़ुद का
बस यही तो कमी रही अब तक

✿

27

जब अकेला आँधियों से लड़ रहा हूँ मैं
कौन कहता हादसों से डर गया हूँ मैं

मेरा पेशा है मुहब्बत बाँटना, लेकिन
लोग फिर भी कह रहे हैं बेवफ़ा हूँ मैं

उन घरों में कोई जाता ही नहीं है, जो
खण्डहर है, इन घरों का ही दिया हूँ मैं

मैं कोई अफ़सोस कर भी तो नहीं सकता
बे-सहारों का सहारा जो बन गया हूँ मैं

जिस गली से यार कोई भी नहीं गुज़रा
उस गली शबभर सुनो जलता रहा हूँ मैं

जब यहाँ पर आँसुओं की बारिशें होंगी
उस समय को बस ठिकाना चाहता हूँ मैं

✿

28

जिसके दर पे खड़ा हुआ हूँ मैं
कह रहा वो ख़ुदा हुआ हूँ मैं

हाल भी पूछता नहीं मेरा
जिसके दिल में बसा हुआ हूँ मैं

किस तरह साथ छोड़ता उसका
जब उसी का लुटा हुआ हूँ मैं

वक़्त पर छोड़ तू वफ़ा की बात
आज तो चुप पड़ा हुआ हूँ मैं

ज़िन्दगी होश यूँ गवाँ बैठी
दोस्तों! जब जुदा हुआ हूँ मैं

जिसकी बाँहों में जी रहा था यार
अब उसी से ख़फ़ा हुआ हूँ मैं

कुछ दिनों से लगा नहीं यह दिल
क्या किसी और का हुआ हूँ मैं

✿

29

कब सियासी दाब में जकड़ा हुआ हूँ मैं
यार! पासों की तरह फेंका हुआ हूँ मैं

धर्म की जो चाश्नी मुझको चटाई थी
क्या उसी में आजकल लिपटा हुआ हूँ मैं

भूल सकता क्या उन्हें मैं चुप खड़े हैं जो
देखकर गूंगे सभी, ऐसा हुआ हूँ मैं

मैंने सोचा ही नहीं बर्बाद हो जाऊँ
तुम बताओ किसलिए टूटा हुआ हूँ मैं

नच रहा है जो इशारों पर मदारी के
सुन उसी को देखकर तन्हा हुआ हूँ मैं

क्या भरोसा चाहता जो, वह शिकारी हो
इसलिए उसका ज़रा अपना हुआ हूँ मैं

✿

30

कोई अपना नज़र नहीं आया
कैसे कह दूँ कि घर नहीं आया

सब दलीलें ख़िलाफ़ थीं उसके
फिर भी इल्ज़ाम सर नहीं आया

जो नहीं है, वही तो ज़िन्दा है
मुझको ऐसा हुनर नहीं आया

मुझको हर बात याद थी उसकी
इसलिए वह इधर नहीं आया

मुझको जिससे बहुत मुहब्बत थी
मतलबी उम्र भर नहीं आया

किसलिए ख़्वाब देखता उसके
लौटके जो शहर नहीं आया

✿

31

प्यास अधरों की मिरी बुझने नहीं देती
और तू मुझको मिरा रहने नहीं देती

तेरा मुझसे दूर रहना क्या सज़ा कम है
मुस्कुराहट जब तिरी मरने नहीं देती

कूचे-कूचे में जो चर्चा आग सी फैली
तू उसे अख़बार में छपने नहीं देती

है जो हलचल मेरे तन में जानती है तू
पर, मिरे दिल का चमन खिलने नहीं देती

दिल्लगी ऐसी कि पागल हो गया हूँ पर
वह किसी की बदनज़र लगने नहीं देती

दर्द दिल का किस तरह, अपना बताऊँ मैं
वे-वफ़ा इतनी कहीं हँसने नहीं देती

✿

32

नींद ग़ायब हो गई है इस ज़माने की
छोड़ आदत है तिरी जो मुस्कुराने की

मैं बहक जाऊँ इरादा है नहीं मेरा
याद जाती भी कहाँ, तेरे बहाने की

मुस्कुराकर छीन ली धड़कन मिरी तुमने
क्या ज़रूरत थी, मुझे फिर आज़माने की

हुस्न तेरा लख हसीं जब झुक गये तारे
पड़ गई आदत मुझे भी सर झुकाने की

उस गली से मत गुज़रना मशविरा है ये
जिस गली में हो न चाहत, इस ख़ज़ाने की

कह रहीं आँखें शराबी ये तिरी मुझसे
मत पियो इतनी मगर ज़िद है पिलाने की

✿

33

तिरे वीरान इस दिल को, मैं अपना घर बना लूँगा
इजाज़त हो अगर तेरी तो साँसों मे बसा लूँगा

क़यामत आ न जाये सुन जो भड़के आग इस तन में
तिरे जलने से पहले मैं यहाँ ख़ुद को जला लूँगा

ये मौसम है हसीं इतना कि हर कोई बहक जाये
बहकते पाँव में ख़ुद के बता कैसे संभालूँगा

न हलचल है बदन तेरे न आँखों में मुहब्बत है
इशारा हो ज़रा मुझको मैं सारे ग़म चुरा लूँगा

मिरे दिल के समंदर में उतर के देख तू आख़िर
दरिया जान कर तुझको मैं अपने में मिला लूँगा

ये चेहरा ख़ूबसूरत है मगर निखरा नहीं अब तक
कहूँ क्या और मैं दिल की, तिरे नख़रे उठा लूँगा

✿

34

योजनाएँ खा रहा जो मुँह न खोलेगा
और मैं ही चुप रहा तो कौन बोलेगा

कोठियों में दिख रही है जो तुझे रौनक़
सच कहूँ क्या और तू आँखें भिगो लेगा

हर पतीली में पकेंगे अब यहाँ पत्थर
हर कोई जब भीड़ के ही साथ हो लेगा

पेट जिसका भर रहा काजू मुनक्का से
वह तुझे महँगाई में, सस्ता न तोलेगा

बस्तियाँ इन देवताओं की बसाकर तू
ये बता क्या मौत का व्यापार खोलेगा

जो व्यवस्था को बदलने की कहा करता
मुल्क अपना क़र्ज़ में सारा डुबो लेगा

बे-गुनाही की दलीलें दे रहा है जो
लूटकर तुझको वो अपने हाथ धो लेगा

✿

35

दबी दिल में जो चिंगारी, हवा देकर न भड़काओ
तुम्हारे भी जलेंगे घर, सज़ा देकर न भड़काओ

मुहब्बत का शहर भी अब हुआ वीरान सा पर तुम
बुतों के नाम पर मुझको, वफ़ा देकर न भड़काओ

तिरी बातों में आ करके, भरोसा कर लिया जिसने
उसी को ज़ख़्म तुम फिर से, नया देकर न भड़काओ

तिरी मंशा उजागर दिख रही सबको कि कैसी है
मगर कहता नहीं कोई, क़ज़ा देकर न भड़काओ

किसी का घर उजड़ जाये, किसी की ज़िन्दगी रूठे
किसी मजबूर को तुम आसरा देकर न भड़काओ

मुझे चिन्ता नहीं कल की, मगर चिन्ता सभी की है
कि ग़ैरों की हिमायत में, कंधा देकर न भड़काओ

✿

36

पत्थरों से दिल लगाकर क्या किया मैंने
पत्थरों का इक शहर बसवा दिया मैंने

रोक रख्खी धूप ऊँचे इन मकानों ने
इसलिए मिट्टी का सूरज रख लिया मैंने

हँस रहा था मेरी क़िस्मत पे जो ये हाकिम
आसमाँ से इस ज़मीं पर ला दिया मैंने

फूल काग़ज़ के दिखाकर मत लुभा मुझको
यार! जीवन फूल सा जब ख़ुद जिया मैंने

बंदगी करता नहीं हूँ अब किसी की मैं
जब सहारा आँसुओं का ले लिया मैंने

लोग कहते हैं किताबों में रखा क्या तब
शेर इक दुष्यंत का पढ़वा दिया मैंने

✿

37

न मेरा घर, न तेरा घर, कोई पहचान पायेगा
लगा मत आग नफ़रत की, शहर वीरान पायेगा

तू क़स्में खा रहा झूठी, हिफ़ाज़त कर नहीं सकता
भरोसा जीतकर मेरा, मिरी क्या जान पायेगा

कोई कहता नहीं तुझसे, कहूँ गर मैं तो हंगामा
नयी नस्लें न गिरवी रख, नहीं शमशान पायेगा

मिरा क्या है, सडक पर हूँ, सड़क का ही सहारा है
मगर दर पर मुहब्बत की खड़ी चट्टान पायेगा

जहाँ माहौल है डर का, वहीं पर खींच दे रेखा
जुबाँ खुलती नहीं मेरी, मगर ऐलान पायेगा

हवाओं के इरादे जब, न बदलेंगे तो कहता मैं
झुकेगा सर उधर अपना जिधर संविधान पायेगा

✿

38

जो देख रहा हूँ मैं, तू देख न पायेगा
मत पूछ मिरे दिल की आँसू भर लायेगा

तू छोड़ शराफ़त की, उम्मीद यहाँ उससे
जो आग लगाता है क्या आग बुझायेगा

इस जून के मौसम, जो सोया है रज़ाई में
वह काँप रहा इतना सच बोल न पायेगा

लपटों से घिरा ये घर, दिखता न किसी को जब
लगता न मुझे कोई आ करके बचायेगा

मजबूर किया है सुन, काग़ज़ की हुकूमत ने
सोचा न कभी मैंने, दिन ऐसा भी आयेगा

है कोई मिरा दुश्मन कह भी तो न सकता पर
ख़ंजर की दलीलों से बच तू भी न पायेगा

✿

39

सुन मीत मेरे देश की क़िस्मत को क्या हुआ
है एक तरफ़ खाई और इक तरफ़ कुआ

रटने लगे है पाठ ख़ुदाओं को देखकर
इंसान थे कभी जो, यहाँ बन गये सुआ

मैंने किसी ग़रीब से पूछा तो ये कहा
मैं जी न जाऊँ फिर से, ये डर है लगा हुआ

ख़ाली पडा है पेट, न इसका मलाल कर
वादों के तेल में वो अभी तल रहे पुआ

सुनता नहीं है कोई मिरे दिल की दास्ताँ
कैसे कहूँ किसी से मिरे दिल को क्या हुआ

जब धँस गये है पाँव ये कीचड़ में घुटने तक
कैसे कहूँ नबाब की मिलती नहीं दुआ

✿

40

बिकने खड़ा जो आदमी सूरत तो देखिए
गिरवी रखा है आज तक क़ीमत तो देखिए

हैरान था जो ज़िन्दगी से आ गया शहर
सोता नहीं वो रात भर क़िस्मत तो दखिए

पत्थर हुए हैं पाँव वो कहता नहीं कहीं
देखी न हो जो आपने दहशत तो देखिए

ख़ाली पड़ा है पेट पर उसने मुझे कहा
टूटे हुए इस जिस्म की हिम्मत तो देखिए

अपना बताए हाल क्या गूँगों की भीड़ को
लड़ता रहा जो झूठ से ताकत तो देखिए

✿

41

तिरी नज़र जो मिली ज़िन्दगी बहक सी गई
उदास आँख मिरी आज फिर चमक सी गई

तुझे ख़बर ही नहीं तुझसे प्यार है कितना
तिरे ज़हन में मगर दिल्लगी महक सी गई

नसीब में न थी तू मेरे, मैंने यह समझा
लकीर भाल की फिर किसलिए चमक सी गई

हसीं ये ख़्वाब मिरे टूटने लगे हैं जब
मुझे लगा कि तिरी याद अब भटक सी गई

मुझे किसी ख़ुदाई का भी इंतज़ार नहीं
जब इस ख़ुदाई में मेरी ये जाँ अटक सी गई

शरीफ़ लोग भी इतने उदास हैं तो लगा
तिरी नज़र से ख़फ़ा हर नज़र चिपक सी गई

✿

42

यहाँ जो शहर का ख़ुदा हो गया है
गुनाहों की सफ़ में खड़ा हो गया है

छपी थी ख़बर एक अख़बार में ये
लुटेरा चमन का रिहा हो गया है

मिरे क़त्ल की जो था साज़िश में शामिल
वही कह रहा लापता हो गया है

वहाँ हाकिमों की ज़ुबाँ बन्द थी, पर
यहाँ हादिसा इक नया हो गया है

कहीं नफ़रतों में गिरावट न दिखती
ये बाज़ार लगता बड़ा हो गया है

निकलता नहीं कोई अपने घरों से
सुना है बहुत फ़ासला हो गया है

✿

43

सुनके मेरी दास्ताँ ठुकरा दिया उसने
क्या कहूँ अब ज़ख़्म ही गहरा दिया उसने

इन बरसते पत्थरों का डर नहीं लगता
जबसे ज़ख़्मी पाँव पर पहरा दिया उसने

कोई चारा ही नहीं अब इस ग़रीबी का
इसलिए जुमला इधर बिखरा दिया उसने

इतना उसको प्यार था मुझसे गुनहगार भी
मेरी ख़ुद की मौत का ठहरा दिया उसने

खिड़कियाँ भी बंद कर लीं देखकर मुझको
हाथ ख़ाली दूर से लहरा दिया उसने

होंठ सूखे पलकें भीगीं कई दिनो से तब
रोटियों के नाम पर क़तरा दिया उसने

✿

44

क़ीमत लगा के आपने अच्छा नहीं किया
सपने दिखा के आपने अच्छा नहीं किया

किसने मिलाया ख़ाक में किसको नहीं पता
फिर भी भुला के आपने अच्छा नहीं किया

जिस शख़्स को तुमसे वफ़ा इतनी रही यहाँ
नफ़रत जगा के आपने अच्छा नहीं किया

मज़हब की जिसने ओट में बंजर किया मुझे
उसने कहा कि आपने अच्छा नहीं किया

मुझको किसी के ताज से मतलब नहीं कोई
फिर भी झुका के आपने अच्छा नहीं किया

दिखती नहीं हैं अब कहीं हलचल मुझे यहाँ
दिल में बसा के आपने अच्छा नहीं किया

✿

45

जश्न मेरी मौत का जब भी मनाया जाएगा
हर क़दम पे, हर शहर आँखों बिठाया जाएगा

जब अंधेरे रोशनी को डस रहे होंगे यहाँ
उस समय हर जिस्म को पत्थर बनाया जाएगा

ज़ख़्म हर इक राख का जब, भर न पायेगा कोई
गीत मेरा हर कहीं तब गुनगुनाया जाएगा

बात होगी भूख की जब हर किसी चौपाल पर
गिरते अश्कों को वहाँ शोला बनाया जाएगा

दोस्त क्या, दुश्मन मिरा ये सोचता होगा ज़रा
इस तरह से और अब किसको गिराया जाएगा

चीख निकलेगी यहाँ जब बंद कमरों से कभी
हाकिमों का तब ठिकाना भी जलाया जाएगा

✿

46

यार जो बे-लिबास बैठे हैं
किस तरह पास-पास बैठे हैं

जो बुतों की तरह कभी चुप थे
अब यहाँ ले के प्यास बैठे हैं

जो हुए दर-बदर सुना है, वो
इक सदी से उदास बैठे हैं

पूछता है न हाल कोई शख़्स
क्या हुकूमत के ख़ास बैठे हैं

ये शहर भी नहीं हुआ उनका
लेके जो अपनी लाश बैठे हैं

ले रहे हैं हवा शहर की वो
इसलिए बदहवास बैठे हैं

✿

47

हैं जो ज़ख़्म गिनूँगा क्या
जीकर और करूँगा क्या

छीन रहा जो हक़, उसके
सर पे ताज धरूँगा क्या

नफ़रत बाँटे जो घर-घर
उससे प्रेम करूँगा क्या

पाँव ज़मीं से चिपका जब
नभ की सैर करूँगा क्या

आँसू रोज़ बहाकर मैं
सस्ते दाम बिकूँगा क्या

सर के ऊपर पानी है
चुप हर बार रहूँगा क्या

✿

48

बात ऐसी न थी जो बताई गयी
हुक्म जैसा हुआ वह सुनाई गयी

सच पे पहरा लगा, झूठ फैला के वो
कह रहा आग कैसे बुझाई गयी

जितने हमदर्द थे लूटकर कह रहे
धूप तेरे लिये यह मँगाई गयी

दर्द इतना सहा फिर भी ग़म न उसे
ज़िन्दगी ऐसे मेरी सजाई गयी

वो समंदर बताता रहा दूर से
प्यास अपनी यहाँ यूँ बुझाई गयी

ओढ़कर मज़हबी पट हुकूमत यहाँ
कैसे कहती कि तेरी कमाई गयी

✿

49

जिन मकानों में यहाँ तलघर बने हैं
पाँव उनके सब गुनाहों से सने हैं

रोज़ उकसाकर हवाओं को यहाँ वो
कह रहा था जुर्म के जंगल घने हैं

आग मुझको मत दिखा तू आग हूँ मैं
और मेरे आग के ही घर बने हैं

घिस गईं हैं सब लकीरें भाल की ये
आज जिनको देखकर हम अनमने हैं

ख़ौफ़ में जीते रहे हम घर लुटाकर
देख ज़िन्दा फिर भी तेरे सामने हैं

मुझको लगता उस महल की गुफ़्तगू से
आएँगे अब हाथ मेरे झुनझुने हैं

✿

50

जो इज़्ज़त के लुटेरे हैं सुबह को शाम कर देंगे
सियासी हैं बना क़ानून सब खुले आम कर देंगे

करें फ़रियाद क्या उनसे कि बिजली है न पानी है
कहें गर हम किसी दिन ये शहर नीलाम कर देंगे

हुनर कितना अनोखा है वो लालच में फँसा करके
मुझे लगता कि अब ये दर बदर आवाम कर देंगे

जो हुस्न-ए-जिस्म के प्यासे उन्हें क्या उम्र हो कोई
पुजारी इश्क़ के ऐसे जवाँ गुलफ़ाम कर देंगे

हसीनों के नशे में जो यहाँ दिन-रात डूबे हैं
वो हाकिम हैं न जाने कब किसे बदनाम कर देंगे

भरोसा क्या जो चंदा चोर हैं इतने कभी उनसे
ख़ताएँ पूछ मत लेना, नहीं बेनाम कर देंगे

✿

51

मौन इतना कहीं ये ख़ुशी ले न ले
जुर्म तेरा यही ज़िन्दगी ले न ले

बिक रही आबरू हर सड़क जब यहाँ
जिस्म सस्ता तिरा, तीरगी ले न ले

घर उजड़ भी गया और तू चुप खड़ा
देख तो ये हवा, ये हंसी ले न ले

आँसुओं से जिसे सींचता तू रहा
साँस भी जो बची वो वही ले न ले

रेत सा तू बिखरता रहा क्या कहूँ
तेरे हक़ की कोई, रोशनी ले न ले

झुक गई ये नज़र देख हालत तिरी
छीन कर जाँ कोई क़ीमती ले ने ले

✿

52

दूर तुमसे खड़ा हुआ हूँ मैं
सच तो ये है किया हुआ हूँ मैं

मेरे अंदर सुलग रही है आग
ये न समझो बुझा हुआ हूँ मैं

मुझको अपना वो कह नहीं सकता
जिसका अपना बना हुआ हूँ मैं

कौन हँस के गले मिलेगा अब
जब किसी की ख़ता हुआ हूँ मैं

ख़ून तो माफ़ हो चुका उसका
ख़ून से पर सना हुआ हूँ मैं

झूठ को सच समझ लिया मैंने
इसलिए दिल जला हुआ हूँ मैं

✿

53

ये कैसी पहरेदारी है
जब हर घर में दुश्वारी है

हाथ रखा है उसने सर पे
क्या सर कटने की बारी है

कलुआ तेरी कौंन सुनेगा
जब तेरा तन सरकारी है

फ़िक्र उसी की नेता जी को
घर जिसके सुन्दर नारी है

पाँचों ऊँगली घी में उसकी
जो कहता दुनियादारी है

क़स्में खाकर लूट रहा जो
सेठों का यार मदारी है

दिल्ली की अब बात न कर तू
जब हर कुर्सी हत्यारी है

✿

54

था सुकूँ जो नींद गहरी सो गया है दोस्तो
इस शहर को आजकल क्या हो गया है दोस्तो

पत्थरों की नब्ज़ देखी जा रही जब आजकल
कैसे कह दूँ वह पुजारी हो गया है दोस्तो

दुश्मनी रखता नहीं कोई किसी से शौक़ में
कोई तो है जो ये नफ़रत बो गया है दोस्तो

अपने अपने सब घरों में लोग थे ख़ुशहाल पर
ज़ुल्म सहके ऐसा मंज़र हो गया है दोस्तो

जंग थी दस्तार की पर वो ख़ुदा के नाम पे
हाथ ख़ूँ से जो सने थे धो गया है दोस्तो

क़ातिलों का ज़िक्र आता ही नहीं है अब कहीं
इसलिए तो खूँन सस्ता हो गया है दोस्तो

✿

55

ज़िन्दगी से ख़फ़ा हर शहर देखिए
दोस्तों ! भुखमरी का असर देखिए

तप रहा धूप में जो यहाँ आदमी
तू उजड़ता हुआ उसका घर देखिए

भूख से मर गया है तड़पकर कोई
बात ऐसी न थी ये ख़बर देखिए

मुस्कुराता हुआ कोई मिलता नहीं
हो गयी बे-वफ़ा हर सहर देखिए

बिक रहा है बदन फूल सा हर डगर
फिर भी दिखता न ऐसी नज़र देखिए

नींद ग़ायब हुई ख़्वाब डसने लगे
जिस्म जबसे हुआ दर-बदर देखिए

✿

56

मैं जिनको स्वीकार नहीं हूँ
कह देना गद्दार नहीं हूँ

तूफ़ानों से डर जाऊँ मैं
इतना भी लाचार नहीं हूँ

मैं उसका गुणगान करूँ क्यों
उसका जब हक़दार नहीं हूँ

मंदिर, मस्जिद में उलझाऊँ
मैं कोई सरकार नहीं हूँ

ढूँढा है वेदों में ख़ुद को
मैं इतना बेकार नहीं हूँ

बूँदों बारिश में ढह जाऊँ
मैं ऐसी दीवार नहीं हूँ

✿

57

लड़ाई बस हक़ों की है, कोई जुमला नहीं हूँ मैं
हुकूमत है लुटेरों की, कहीं कहता नहीं हूँ मैं

जिसे हमदर्द समझा वो, मुझे सच्चा नहीं लगता
लिपटकर रो रहा ऐसे कि, अब ज़िन्दा नहीं हूँ मैं

कहूँ किससे यहाँ दिल की शिकारी हो गया है वो
जो कहता है किसी को अब दग़ा देता नहीं हूँ मैं

ज़मीनें छीनकर जिसने मुझे सपने दिखाए हैं
दिखाऊँ ज़ख़्म क्या उसको अभी टूटा नहीं हूँ मैं

जिसे था नींव का पत्थर उसी की बन गया गाली
तमाशा हो रहा मेरा मगर हारा नहीं हूँ मैं

हथेली की लकीरों को मिटा भी तो नहीं सकता
जब उसने कह दिया मुझसे तिरा अपना नहीं हूँ मैं

✿

58

जब मुझे उसने तर बतर देखा
तो कई बार लौटकर देखा

ख़ैरियत पूछता तो कहता मैं
मैंने तुझसा न बेख़बर देखा

जिसको मैंने लुटा दिया सबकुछ
उसने भर के न फिर नज़र देखा

मैं किसी के ख़िलाफ़ थोड़ी था
जो मुझे सबने टूटकर देखा

भूख पहले फुदक रही थी जो
फिर किसी जात का न घर देखा

मेरी जिसने भी लाश की, उसने
आ मुझे शाम ओ सहर देखा

मैंने सोचा न था जो भूल गया
पर वही ख़्वाब रातभर देखा

✿

59

फ़ौज अंधों की खड़ी है
ज़िन्दगी तब लुट रही है

झूठ के इस जश्न में सब
डाकुओं की इक लड़ी है

मैं बताऊँ हाल कैसे
मुश्किलों में झोपड़ी है

है क़हर जारी यहाँ पर
तू बता क्या दुश्मनी है

राज शब का हो गया तब
आग ख़ुद जलने लगी है

बन्द है सब द्वार दिन में
रात बिस्तर में छिपी है

✿

60

सच कहीं जब सुना नहीं जाता
हाल दिल का कहा नहीं जाता

उनसे फ़रियाद क्या करूँ मैं अब
मुझको जिनसे छुआ नहीं जाता

गालियाँ खा गया मैं दुनिया की
क्योंकि भूखा चला नहीं जाता

सौंप दूँ कैसे उसको अपना कल
ज़ुल्म जिसका सहा नहीं जाता

आग दिल में दहक रही है अब
इसलिए चुप रहा नहीं जाता

उसको मैं बे-वफ़ा न लिख दूँ जो
कह रहा तू लिखा नहीं जाता

✿

61

जिस्म पथरा गया, कोई हरकत नहीं
मुझपे फिर भी किसी की इनायत नहीं

जो दुआ माँगता था पकड़ नब्ज़ को
वह मुझे कह रहा तू सलामत नहीं

थूकता हूँ मैं ऐसी मसीहाई पर
ज़िन्दगी की यहाँ जब हिफ़ाज़त नहीं

मैंने रंजिश किसी से न पाली कभी
इसलिए ख़ंजरों से शिकायत नहीं

ज़ुल्म सहता रहा धर्म के नाम पे
पर किसी से मुझे कोई नफ़रत नहीं

पूछता भी नहीं हाल दिल का कोई
क्या कहूँ और, मेरी हुकूमत नहीं

✿

62

कोई मज़हब न हिंदुस्तान ख़तरे में
रहा है बस यहाँ ईमान ख़तरे में

न आज़ादी, न ख़ुशियाँ हैं रही ज़िल्लत
कहूँ क्या और अब पहचान ख़तरे में

किसी का दर, किसी की जान सस्ती है
किसी के तन का है परिधान ख़तरे में

शहर भर के दियों ने ख़ुदकुशी कर ली
इसी ख़ातिर यहाँ मुस्कान ख़तरे में

दुकाँ जब चल रही है झूठ की तेरी
कहूँ कैसे तेरा दरवान ख़तरे में

घरों में जिस्म की रौनक़ न दिखती तब
हथेली पर रखी ये जान ख़तरे में

✿

63

ज़िन्दगी घायल पड़ी है आजकल
भूख सड़कों पर खड़ी है आजकल

रोटियाँ बंधक हुईं हैं जब यहाँ
मुश्किलों में झोपड़ी है आजकल

माजरा है क्या बता दे तू ज़रा
चाँदनी छत पर खड़ी है आजकल

मैं करूँ सजदा तिरा क्यूँ रात दिन
मुफ़लिसी जब सर चढ़ी है आजकल

आँसुओं को जो सियासत बाँटती
ख़ुद वही सुन रो पड़ी है आजकल

रात कटती है नहीं अब क्या करूँ
ये कहाँ से गड़बड़ी है आजकल

✿

64

जी रहा हूँ बस यहाँ ये कम नहीं हैं दोस्तो
कौन कहता मुझको कोई ग़म नहीं हैं दोस्तो

हौसला ज़िन्दा रखें केवल, दिखाने के लिए
लड़ रहा हूँ मौत से, हमदम नहीं हैं दोस्तो

हाकिमों के आँसुओं पर मैं तरस खाता रहा
इसलिए है मुफ़लिसी, अब हम नहीं हैं दोस्तो

सज रही हैं जो दुकानें मुफ़लिसों के वास्ते
इन दुकानों की ख़बर भी कम नहीं हैं दोस्तो

होम कर दूँ ज़िन्दगी क्या, ज़िन्दगी को देख तू
आजकल ये आँख किसकी नम नहीं हैं दोस्तो

याद आते है न वादे बादलों से क्या कहूँ
लग रहा बरसात का मौसम नहीं हैं दोस्तो

✿

65

टूटकर काँच-सा मैं बिखरता नहीं
इसलिए पास कोई ठहरता नहीं

पास रखता नहीं छल कपट की छुरी
एक तू बिन छुरी बात करता नहीं

चुभ रही है तुझे ये मिरी क्यूँ ज़ुबाँ
जब किसी के परों को कुतरता नहीं

बस्तियाँ बेवफ़ा हो गयीं दोस्तो
अब किसी से मुलाक़ात करता नहीं

तुझको मालूम है रात जाती कहाँ
दौर बेजा यहाँ, दिन गुज़रता नहीं

पूछता है वही अब मिरी ख़ैरियत
जो दिलों में कभी भी उतरता नहीं

✿

66

छुपाना आग सीने में मुझे अच्छा नहीं लगता
मगर किससे कहूँ पीड़ा कोई अपना नहीं लगता

जिसे अपना समझता था दिलासा भर मिली उससे
मेरे जैसा यहाँ कोई कहीं बिखरा नहीं लगता

कलेजा हिल रहा है बेरुख़ी को देखकर तेरी
कहूँ क्या पड़ गयी आदत मुझे तन्हा नहीं लगता

बनूँ मैं आँख का तारा किसी का अब यहाँ कैसे
मिरी जब आँख का आँसू उसे अपना नहीं लगता

जो हमदर्दी मिली झूठी उसी से ख़ुश रहा हर पल
तुझे फिर भी यहाँ पर मैं कभी सच्चा नहीं लगता

उम्मीदों की इमारत ढह रही है ये यहाँ कैसी
सँवारेगा मुझे आकर कोई भटका नहीं लगता

✿

67

इस बहकते पाँव को आकर सँभालो यारो
तेल पत्थर से कोई तो अब निकालो यारो

दिल लगाकर हाकिमों से, हो गये हैं, बंजर
इन लुटेरों पे न कीचड़ तुम उछालो यारो

पक गयी हैं आदतें सबकी यहाँ रो-रोकर
सो गये है जो, उन्हें भी अब जगा लो यारो

मैंने आके हाथ फैलाये कहाँ, जो मुझसे
कह रहा ज़िन्दगी मेरी बचा लो यारो

सर झुकाने के तरीक़ों को बदल डालो अब
या तो अपने सर कटाने की सजा लो यारो

चोर कैसे मैं कहूँ तुझको तरस आता है
रोटियाँ ये भूख के ख़ातिर उठा लो यारो

✿

68

मुझे उसके इशारों पर कभी चलना नहीं आया
इसी ख़ातिर उसे मेरा नज़र चेहरा नहीं आया

हवाओं के थपेड़ों से बचें कैसे, कहाँ छुपकर
सुनाऊँ क्या उन्हें, पढ़ना मिरा क़िस्सा नहीं आया

ज़माने को बताकर हाल अपना, क्या किया मैने
अकेला ही जिया, पहले कभी ख़तरा नहीं आया

मुझे आकाश में बादल गरजते ही दिखे केवल
बुझेगी प्यास कैसे, अश्क को बहना नहीं आया

बहुत दिन से वहाँ शायद, उदासी है सभाओं में
मिलूँ कैसे, मुझे करना कहीं सजदा नहीं आया

जिसे हमने निगाहों में, बसाकर ख़ुद सजाया था
मुझे उसकी तरक़्क़ी पे, यहाँ जलना नहीं आया

✿

69

कहीं कहता नहीं सच यार हँगामा खड़ा होगा
मुझे मालूम है सरकार हँगामा खड़ा होगा

कभी फ़ुर्सत मिले तो, इस शहर को देख लेना तब
यहाँ धरना धरें लाचार हँगामा खड़ा होगा

जहाँ सौग़ात में मुझको क़ज़ा मिलती रही हरदम
वहाँ छपता नहीं अख़बार हँगामा खड़ा होगा

यकीं मुझको लकीरें, ये बदल अपनी न पायेंगे
अगर हालत हुई बेकार हँगामा खड़ा होगा

जिसे चाहा सदा मैंने उसी से दर्द पाया है
किसी का नाम क्या लूँ यार हँगामा खड़ा होगा

सियासत से अदालत तक कोई सच भी नहीं सुनता
लगा जब झूठ का दरबार हँगामा खड़ा होगा

✿

70

ज़रूरत है नहीं उसको मिरी हालत सुधर जाये
सुबह होते हवा जिसके इशारों पर ठहर जाये

कहानी क्या कहूँ अपनी, कहानी ज़िन्दगी हो जब
मेरी गर्दन, रखी उसकी न ये शमशीर डर जाये

हुई बरसात ये कैसी कि आँगन भी रहा सूखा
कोई ऐसा नहीं अब तार, दिल्ली तक ख़बर जाये

वही ख़ंजर, वही मंज़र, वही दहशत, वही आँसू
निकालो रास्ता कोई मेरा जीवन सँवर जाये

दबा हूँ क़र्ज़ मे कितना उसे मालूम है सब कुछ
मिले वादे मुझे फिर भी, उसी से वो मुकर जाये

पुराना घाव है दिल में, भुलाया भी नहीं जाता
ज़रा मरहम लगा देना, पहुँच जड़ तक असर जाये

✿

71

ज़ख़्म पाकर यहाँ क्या ठहर जाऊँगा
दुश्मनों से कहो मैं निखर जाऊँगा

चोट खाता रहा सर झुकाया नहीं
और तू कह रहा उनसे डर जाऊँगा

दूर जो हो गये हैं गिराकर मुझे
मैं उन्हें आज मशहूर कर जाऊँगा

सबको अपना समझता रहा जब यहाँ
तो किसी ना किसी दिन सँवर जाऊँगा

दुश्मनी भी रहेगी नहीं अब कहीं
जिस तरफ़ मैं शहर से गुज़र जाऊँगा

जो गुनहगार-सा मुझको तकते रहे
छोड़ उनके दिलों में असर जाऊँगा

✿

72

ज़मीं पर लोग ये मुझको कहीं रहने नहीं देते
उठाकर घर लिये फिरता ज़ुबाँ खुलने नहीं देते

लिये वो हाथ में ख़ंजर, जिगर टूटा नहीं मेरा
मुझे अपने, मिरे हालात को कहने नहीं देते

मिरी आँखें मुहब्बत को तरसती ही रहीं हरदम
मगर मेरे यहाँ पर अश्क वो बहने नहीं देते

कोई आया नहीं है पास में मेरे कहूँ क्या अब
बता तू कौन कहता है दग़ा अपने नहीं देते

तमन्ना थी मिरा भी आशियाना हो कहीं पर ये
ज़मीं वाले ज़मीं पर अब मुझे मरने नहीं देते

मिली नफ़रत, मिला धोखा, मुझे फिर भी, यहाँ पर वो
ख़ुदा वाले, ख़ुदाओं से कभी मिलने नहीं देते

✿

73

दिल की गाँठें खोल ज़रा
कुछ तो सच्चा बोल ज़रा

ख़्वाब दिख़ाकर भूला तू
वादे से मत डोल ज़रा

बेघर, भूखे, नंगों की
क़िस्मत लगती झोल ज़रा

सूख गयी हैं कई आँखें
अपनी आँखें खोल ज़रा

लपटें उठती शजरों से
ये नफ़रत न घोल ज़रा

क़स्में ख़ाकर संसद में
कर मत मेरा मोल ज़रा

✿

74

आँखों में धूल भर गया कोई
फिर हमारे न घर गया कोई

साँस पर बंदिशें लगा करके
इस तरह ज़ख़्म भर गया कोई

काग़ज़ों में लिखे संदेशे सब
सुनते-सुनते बिखर गया कोई

ओढकर धूप की यहाँ चादर
लग रहा भूखों मर गया कोई

पास में भीड़ थी बहुत फिर भी
जिस्म पत्थर सा कर गया कोई

हाथ जिनके सने गुनाहों से
उनको आज़ाद कर गया कोई

✿

75

तुझको मिरे शहर से मुहब्बत नहीं रही
फिर भी यहाँ किसी को शिकायत नहीं रही

ख़ाली हुई तिजोरी न इसका मलाल है
पर खुल के साँस लूँ मैं, इजाज़त नहीं रही

ख़ुश थे कभी यहाँ जो वो मजबूर हो गये
अच्छा हुआ किसी में शरारत नहीं रही

तूने भुला दिया तो परेशाँ है ज़िन्दगी
कैसे करूँ यक़ीं मैं कि नफ़रत नहीं रही

जिन पर महल खड़े है वो सँभले नहीं अभी
फिर भी किसी ख़ुदा की ज़रूरत नहीं रही

हँसकर गले लगाये जो दिल से मुझे यहाँ
ऐसी नज़र में कोई हुकूमत नहीं रही

✿

76

हाल ऐसा है यहाँ सहमें खड़े हैं लोग
क्या कहूँ इनसे कई गाँठें चड़े हैं लोग

मुंसिफ़ों से न्याय की उम्मीद क्या रखना
कह रहे हैं अश्क ये चिकने घड़े हैं लोग

धर्म जाति में उलझकर हो गए अंधे
इसलिए रातें बुलाने पर अड़े हैं लोग

इस शहर में सिसकियों का देखना क्या है
हर गली में लाश जैसे ही खड़े हैं लोग

रोज़ नाटक चल रहा है बस कथाओं का
है सियासी दाव औंधे मुँह पड़े हैं लोग

है अजब मंज़र दिलों का जोड़ दूँ कैसे
नफ़रतों के बीज जब बोने खड़े हैं लोग

✿

77

आज ज़िन्दा लोग मिलते इस शहर में।
तो इधर हम भी सँभलते इस शहर में।

आस होती साँस की इस झोपड़ी में,
आँसुओ से क्यूँ उबलते इस शहर में।

इस हथेली की लकीरें घिस गयीं अब,
ठोकरों से कब फिसलते इस शहर में।

बेरूखी का ज़ख़्म भरता ही नहीं है,
होम करते हाथ जलते इस शहर में।

घर उजड़ते देखता या है नज़र कम,
सोचता हूँ मैं टहलते इस शहर में।

जिस्म ज़िन्दा आज भी है सच नहीं है,
जल गये हैं हम जलते इस शहर में।

✿

78

बुनियाद देश की अब कम़जोर हो रही है।
है असलियत दलाली, पुऱजोर हो रही है।

उजड़ा चमन दिखा तो बीमार-सा हुआ हूँ,
चर्चा यहाँ नगर में चहुँओर हो रही है।

दिन को यहाँ ज़मीं या हर हाथ खोजता मैं,
उम्मीद से जिया हूँ कि भोर हो रही है।

क़ानून कट रहे हैं ब्रेख़ौफ़ है कसाई,
सच मत कहो ठुकाई बेजोड़ हो रही है।

जो साथ भेड़ियों के वो देश चर रहे अब,
ख़ामोश है सियासत लतखोर हो रही है।

निकले कई वतन से है माफ़ सब रुपैया,
अच्छा हुआ कि चाहत कम़जोर हो रही है।

✿

79

बुझ गये हैं कई दिये रात को देखते-देखते।
थक गया खुद चाँद ज़ुल्मात को देखते-देखते।

बादलों को उस हवा को अब जाकर तू बता,
मर गयी है प्यास बरसात को देखते-देखते।

रेत पर पहरा लगा पीस न खाये अब कोई,
रो रहे सब मीत हालात को देखते-देखते।

लाश अपनी बोझ है पीठ बताऊँ क्या तुझे,
आँख नम है रोज़ उत्पात को देखते-देखते।

जिस्म गलता ही रहा घाव भरे हैं कब मिरे,
इस तरह जीते रहे हाथ को देखते-देखते।

✿

80

छुरी तलवार से डरता नहीं हूँ मैं।
किसी को यार अब कहता नहीं हूँ मैं।

मिरी. कीमत न आँको तुम किसी से अब,
पता कर लो कभी बिकता नहीं हूँ मैं।

यहाँ धंधा हुआ खूँ का सियासत से,
मुसीबत पास ये रखता नहीं हूँ मैं।

कहा सबने मुझे भी आ़जमा लो तुम,
मुहब्बत तब से ही करता नहीं हूँ मैं।

जिन्हें हम आज तक सुन देवता समझे,
मगर उनको यहाँ झिलता नहीं हूँ मैं।

किताबों में पढ़ी जो शायरी उनकी,
सुनो वो इश्क़ की कविता नहीं हूँ मैं।

✿

81

वक्त पे क्या दगा दिया उसने
यार था जो भुला दिया उसने

किस तरह गम छुपाऊँ मै अपना
हर कहीं जब बता दिया उसने

अश्क मेरे डरे हुए से हैं।
जबसे पहरा लगा दिया उसने

मेरा खुद से मुकाबला था जब
कैसे खंजर थमा दिया उसने

जिन्दगी किस तरह कटेगी ये
मेरा घर जब ढहा दिया उसने

गैर मैंने किसी को समझा नई
मुझको फिर भी घटा दिया उसने

✿

82

जो यहाँ बिखरे हुए हैं
देख तू सस्ते हुए हैं।

ख्वाब बूढ़े हो गये सब
अश्क ये बहके हुए हैं

फूल थे हम इसलिए बस
आज तक कुचले हुए हैं

दोष मैं किसका कहूँ अब
जख्म जब अपने हुए हैं

अपने घर को फूँक कर वो
और के चमचे हुए हैं।

जो निकम्मे थे शहर के
रहनुमाँ मेरे हुए है।

✿